VOYAGE EN AGORAPHOBIE

Comment j'ai vaincu

15 années d'agoraphobie

Par

Séverine Cherix

*À tous ceux qui cherchent des clés pour sortir de
cette prison émotionnelle.*

INTRODUCTION

À l'aube de ma quarantaine, je démarre un nouveau chapitre de ma vie. J'ai l'impression d'avoir eu déjà plusieurs vies sur cette Terre. C'est donc avec une sincère émotion que je me livre à vous, à travers ce récit.

Agoraphobe durant près de quinze années, j'ai réussi vers l'âge de 35 ans à comprendre enfin le mécanisme pervers de ces crises d'angoisses et à leur dire « bye-bye ». Depuis, je suis devenue accro aux voyages. Seule ou accompagnée, je pars dès que je le peux !

De nombreuses thérapies furent nécessaires, ainsi que des formations, des livres, quelques essais pas très concluants chez des chamanes, des magnétiseurs et des guérisseurs d'âme. Puis me voilà, un jour de 2010, en train de réserver mon billet d'avion pour partir un mois en Thaïlande, seule et toujours agoraphobe. Quelle idée ! Suis-je devenue folle ?! Comment vais-je faire ? « C'est impossible », murmure mon saboteur interne. Pour une fois, j'ai décidé de ne pas l'écouter.

À travers ce récit, je souhaite avant tout vous donner un message d'espoir. J'ai envie qu'il vous inspire et qu'il vous redonne confiance en vous et en la vie. Je veux partager avec vous quelques moments charnières de ma vie, tout ce parcours semé de craintes et de restrictions, tout ce qui m'a empêché, finalement, de vivre normalement. Je veux également vous donner quelques belles clés de guérison, bien sûr.

Dans cet ouvrage, je décris comment je m'y suis prise pour venir à bout de cette sournoise phobie, de cet enfermement psychologique, et j'espère apporter un peu de réconfort aux personnes souffrantes ainsi qu'à leur entourage, souvent impuissant.

Je n'ai pas de baguette magique et cet ouvrage n'est pas un livre *miracle,* car cela n'existe tout simplement pas. Tout parcours de vie est différent, mais aujourd'hui, après avoir fait beaucoup de chemin, j'ai la conviction que *tout est possible* et que les seules limites que nous avons sont celles que nous nous imposons. À chacun sa capacité de se dépasser. J'ai aujourd'hui des clés à vous transmettre. J'ai passé par là et je pense que c'est là mon point fort. Je suis une sorte d'*experte en agoraphobie*! Ce que vous vivez, je l'ai vécu.

L'agoraphobie m'a pris beaucoup, mais m'a aussi donné beaucoup. Celle m'a donné la chance, aujourd'hui, de voir la vie d'une manière différente et d'en profiter davantage.

Voyager fait aujourd'hui partie intégrante de ma vie. Je termine l'écriture de ce livre d'ailleurs depuis Paros, une belle île des Cyclades où je passe quelques jours pour me reposer. Je suis toujours à l'affût d'un billet d'avion ou d'une belle escapade, car il n'y a plus une seconde à perdre. Voyager c'est vivre !

Passionnée par l'écriture et la photographie, j'ai créé un blogue dédié à l'agoraphobie (www.vertigesdemavie.com) qui aide à comprendre les pièges de ce dérèglement émotionnel. Une belle communauté me suit aujourd'hui et à travers ce livre, je dépose une nouvelle pierre à l'édifice. Je souhaite encore vous aider.

Ce livre est mon témoignage sincère et spontané. C'est mon voyage, mon parcours, ma vie. Je nourris l'espoir qu'il vous aide à mieux comprendre le mécanisme de l'agoraphobie et je rêve surtout que vous alliez mieux !

Souriez, respirez, lâchez prise ! La vie est belle !

Bonne lecture !

CHAPITRE 1

Enfant, je voulais être hôtesse de l'air !

Je suis née en Suisse romande en octobre 1975, loin de la ville et du bruit. Depuis que je suis toute petite, je rêve de faire un métier qui m'emmènerait à parcourir le monde. Très douée en langues étrangères, en orthographe et en géographie à l'école, je m'intéresse très vite à travailler dans le monde des voyages. Les avions me fascinent.

À l'école, je suis bonne élève, mais pas vraiment passionnée ni captivée. Plutôt tête en l'air et rêveuse... J'aime sortir avec mes amis dès que je le peux et j'ai ce besoin de rêver, toujours de rêver... Rêver de pays exotiques, de paysages, d'odeurs. Je n'ai qu'une envie, avoir 18 ans pour enfin jouir de ma liberté !

On me répète souvent « Arrête de rêver ! » ou « Redescends sur Terre ! »

Issue d'une famille de vignerons, je vis dans un petit village. À l'adolescence, je ne m'y plais plus vraiment. Je m'y sens quelque peu à l'étroit. J'ai compris bien plus tard que ces envies n'étaient pas anodines.

Ancrée dans une situation familiale compliquée, j'évolue dans un climat pesant, où personne n'a pour habitude de parler de ses sentiments, de ses envies ou de ses désirs. J'étouffe.

Portée par cette quête d'ailleurs, j'effectue un apprentissage dans une agence de voyages. À l'époque, j'étais loin de me douter de ce que j'allais traverser.

> *« Il n'est jamais trop tard pour devenir celui ou celle qu'on aurait pu être. »*
>
> — George Eliot

LES RÊVES D'ENFANT

Après une bonne scolarité et trois années d'apprentissage dans le monde des voyages, on me confie rapidement de grandes responsabilités au sein de l'entreprise pour laquelle je travaille. Je suis douée pour la vente et les conseils aux clients et je m'intéresse toujours autant aux voyages, aux hôtels et aux avions.

J'ai la chance de partir quelques fois en voyage d'études et chaque fois, je me dis : « Ouaouh, il y a tant de coins à visiter sur cette Planète, je veux aller partout ! »

À 17 ans, je songe à rejoindre une compagnie aérienne en tant qu'hôtesse de l'air. Pour moi, être hôtesse de l'air est le métier de mes rêves, mais quitter la maison et m'installer en Suisse-Allemande ne me motive pas du tout. Je ne suis pas prête à partir seule à l'autre bout de la Suisse. C'est surtout à cause de la langue. À cette époque, je n'étais pas encore agoraphobe.

J'essaie pourtant d'être toujours parfaite afin qu'on ne me reproche rien, mais il y en a souvent, des reproches. Je vis dans un environnement craintif et possessif, peu orienté vers le monde et l'extérieur. Mon père est une bonne personne, mais il est perdu dans une hyper sensibilité et dans une addiction qu'il n'arrive pas à maîtriser. Ma mère quant à elle, essaie de tout faire pour que j'aille bien, mais elle se retrouve souvent fort impuissante.

Je n'ai qu'une hâte : partir de la maison. Je veux être adulte et responsable. Vivre seule, être libre. Au calme. Je grandis vite. Trop vite. Je suis souvent inquiète, préoccupée, souvent sur mes gardes et jamais réellement zen.

Je deviens la rebelle de la famille. Il faut appeler un chat, un chat ! Celle qui veut sortir pour rejoindre ses amis, celle qui essaie d'être grande avant l'heure ! M'affirmer pour exister. Trouver une sortie de secours et m'amuser.

Mes fréquentations d'adolescente sont bonnes, mais j'aurai pu mal tourner, comme on dit ! La tête sur les épaules, j'ai toutefois toujours su où étaient mes limites. Au vu du climat d'incompréhension à la maison, je préfère juste être dehors.

C'est lors de mon deuxième emploi que je commence à éprouver des sentiments bizarres. J'ai presque 20 ans.

> *« Ma plus grande découverte a été de prendre conscience que dans ma vie, la plupart des barrières, c'est moi qui les avais érigées. »*
>
> *— Cheryl Jarvis*

CHAPITRE 2

LES PREMIERS SYMPTÔMES

« *La vie est soit une aventure audacieuse*
soit rien. »

— Helen Keller

Après avoir mis sur le coup de la fatigue quelques *mini-crises d'angoisses* survenues dans des supermarchés, des guichets de poste ou à la banque, je dois me rendre à l'évidence un matin que ce n'est pas qu'un simple épuisement.

J'angoisse à l'idée de prendre le train ou le bus, d'attendre et de faire la queue pour l'achat de mon billet. Je suis souvent stressée, nerveuse et j'ai l'impression de perdre pied. J'angoisse pour tout et pour rien. J'essaie de vivre le plus naturellement possible, sans que mon entourage se rende compte de mon réel malaise. Mais j'ai peur, car je me sens différente et je crains d'avoir une maladie grave.

Je travaille dans une agence de voyages située dans un grand centre commercial. Un jour, alors que j'étais en train de faire mes courses, j'ai soudainement des sueurs froides et de violentes douleurs au ventre. Ensuite, un puissant mal de tête et une sensation d'étourdissement. Je suis prise de panique et je ne sais pas quoi faire, mise à part courir hors du magasin ou aller me cacher dans les w.c.

C'est le début de la crise d'angoisse. L'environnement de mon travail ne m'aide pas : des néons au plafond, aucune fenêtre dans la pièce et pas de vue sur l'extérieur. J'ai plutôt l'impression d'être un poisson dans un bocal. Le monde passe, repasse et repasse sans cesse devant la vitrine de l'agence. Je manque d'air et je me sens constamment observée.

Ce sentiment de *panique* s'aggrave le jour où je me rends compte que je suis la dernière à sortir avec ma voiture indemne d'un tunnel. Juste derrière moi, il y a eu un énorme accident. Je regarde dans mon rétroviseur et je vois que plus aucune voiture ne sort du tunnel après la mienne. Quelle angoisse !

Pour rajouter une couche sur mon état psychologique, quelques mois auparavant, j'ai été témoin d'un accident de circulation mortel, alors que je sortais avec des amis en soirée. Un fou du volant nous avait dépassés à vive allure et avait percuté la voiture qui roulait tranquillement devant la nôtre, ne laissant au malheureux aucune chance de survie.

Quelle succession de chocs ! Je pense qu'il n'en fallait pas plus pour que tout s'embrouille dans mon cerveau.

Cerise sur le gâteau, c'est à peu près à la même époque que je découvre que mon petit ami sort avec une autre fille en même temps que moi ! La tristesse m'enveloppe comme une couverture sous laquelle je veux me cacher. Vive les histoires d'amour de jeunesse !

Après ces épreuves fortement perturbantes, je me retrouve au chômage.

Et là, tout a rapidement dégénéré.

« *Si un élément extérieur vous fait souffrir, votre douleur n'est pas causée par cet élément comme tel, mais par votre propre jugement de cet élément ; et vous avez le pouvoir d'annuler celui-ci à tout moment.* »

— Marc Aurèle

« *Ne t'attarde pas sur le passé, rêve d'avenir et concentre-toi sur le moment présent !* »

— Bouddha

CHAPITRE 3

L'AGORAPHOBIE, C'EST QUOI?

L'agoraphobie touche environ 3 % de la population mondiale et concerne souvent les femmes. Et ces chiffres ne cessent d'augmenter.

L'agoraphobie est souvent, à tort, associée uniquement à la peur de la foule. Même si l'agoraphobe redoute le monde en général, il est avant tout effrayé par la fréquentation des lieux publics ou d'espaces dont il ne pourrait s'échapper rapidement en cas de malaise. Ainsi dans les cas les plus sévères, une personne souffrant d'agoraphobie se retrouvera coincée chez elle, incapable de sortir.

L'agoraphobe évite donc, par la force des choses, toutes les situations *à risques* et entre dans le cercle vicieux de l'évitement et de la phobie sociale. Il s'agit là d'un réel handicap et l'on peut résumer cette peur à la « peur d'avoir peur ».

Selon un sondage paru en 2012, il existe près de 200 000 personnes atteintes d'agoraphobie, seulement en Suisse. Bien sûr, ces statistiques n'incluent pas ceux qui ignorent qu'ils en souffrent et qui se gavent d'antidépresseurs ou noient leur incompréhension dans l'alcool ou d'autres drogues.

Ce n'est *ni l'endroit ni les gens autour de soi qui créent la crise d'angoisse*. C'est l'agoraphobe lui-même qui déclenche l'angoisse et qui, ensuite, décide ou non d'accélérer (sans le vouloir) les mauvaises émotions, ce qui entraîne une perte de contrôle totale et une fuite. C'est également le début d'une phobie sociale importante. L'agoraphobe a peur du regard de l'autre et se sent constamment observé.

D'autres dérèglements se créent :

- la fatigue chronique

- l'hypocondrie (toujours croire qu'on a une maladie grave)

- les migraines

- les problèmes d'estomac et de digestion

- la tension artérielle trop élevée ou trop faible

- la possibilité d'attraper des acouphènes

- l'hypersensibilité au bruit, à la lumière, aux odeurs

Voici quelques symptômes qui décrivent bien les crises d'un agoraphobe :

- Vertiges ou perte d'équilibre

- Difficultés respiratoires

- Tremblements

- Bouffées de chaleur

- Peur de mourir

- Angoisses

- Palpitations

- Maux de tête

- Maux d'estomac

L'agoraphobie, c'est donc la peur des *sensations d'anxiété et des pensées d'anxiété*. Je l'ai appelée : la peur d'avoir peur.

Les personnes agoraphobes veulent en général avoir le contrôle sur tout ce qu'elles font :

- Elles ont peur de perdre le contrôle de leur corps, de leurs émotions

- Elles sont trop sensibles et trop émotives

- Elles réagissent trop fort à tout

- Elles veulent que tout soit parfait

- Elles sont très exigeantes avec elles-mêmes, mais aussi avec leur entourage

- Elles se fâchent contre elles-mêmes

- Elles sont inquiètes en permanence

- Elles pensent au passé et au futur, mais rarement au présent

- Elles ont peur du regard des autres, de ce que vont penser les autres

CHAPITRE 4

CHANGEMENT DE COMPORTEMENT

« Les choses ne changent pas ; c'est nous qui changeons. »

— Henry David Thoreau

Dès le moment où je quitte mon domicile pour un endroit où il y a une source potentielle de monde et donc d'*attente*, une panique se déclenche dans mes tripes. J'ai l'impression de devenir folle. Mais qu'est-ce qu'il se passe ?

Je mets ces angoisses sur le coup de mes intestins ou d'une mauvaise digestion, car je suis fragile à ce sujet, mais je ne me doute pas que le stress provoque autant de spasmes et de dérèglements physiologiques.

J'ai ce besoin viscéral de m'assurer qu'il y a une sortie près de l'endroit où je me trouve, que ce soit au restaurant, au supermarché ou ailleurs. Je ne suis jamais tranquille, tout le temps sur mes gardes. Imaginer faire mes courses le samedi dans une grande surface m'angoisse profondément et je n'y vais carrément plus.

Avant même que je sorte de la maison, je calcule tout. J'anticipe tout. Tout le temps. Je suis régulièrement de mauvaise humeur. Le stress. L'angoisse. Les peurs. Je ne maîtrise plus rien.

Aux yeux des autres, je semble être une personne froide et pas très sympathique. Je deviens timide et je rase les murs.

Je fuis le monde, mon monde...

Mais je me dis que c'est passager. À force d'avoir des angoisses pour tout, je ne profite plus de rien. « Ça passera », me dis-je sans conviction.

Mon objectif principal est d'éviter à tout prix d'avoir un malaise devant les gens. « Quelle honte cela serait, si cela m'arrivait », voilà ce que je me dis. Une *honte*. Carrément. Attirer l'attention, demander de l'aide, me sentir faible et différente des autres. Voilà ce que je redoute le plus au monde.

Je ne veux pas faire de crise au milieu de tous ces gens. Mais d'ailleurs, pourquoi je pense à tout ça ? Pourquoi ce sentiment de honte et du jugement de l'autre me terrorise-t-il à ce point ?

J'associe le monde avec « danger » ou disons « source potentielle de danger », donc des chances supplémentaires de faire un malaise.

Le fait d'associer le lieu avec le malaise est totalement faux.

Je l'ai su que bien plus tard...

La personne agoraphobe est persuadée que c'est le lieu qui est la source du problème. Certaines personnes n'osent plus prendre l'ascenseur de peur qu'ils y restent bloqués, d'autres n'osent même plus aller à la boulangerie ou faire leurs courses.

L'ascenseur, ou le supermarché ne sont pas là pour vous embêter ni pour vous mettre des bâtons

dans les roues ! Les ascenseurs ont toujours existé !
Les supermarchés aussi !

C'est nous qui *croyons* que c'est à cause de
l'ascenseur ou du supermarché que nous sommes
mal et du coup, nous changeons nos plans et nous ne
sortons plus.

Alors que faire ?

Aujourd'hui, je peux vous le dire, de manière
schématisée :

1. Prendre du recul sur la situation

2. Dédramatiser la situation (en rigoler, si si !)

3. Et prendre les escaliers... pour être plus
    sérieux, faire face d'une manière ou d'une
    autre ! Ne pas laisser votre saboteur interne
    gagner !

Je n'ai pas de réel problème avec les ascenseurs,
mais je commence à fuir les endroits qui me stressent
et les endroits avec une source potentielle de danger
(d'affluence).

Bienvenue dans le monde de la phobie sociale et de l'évitement !

Le regard de l'autre et la peur du jugement font partie intégrante de la vie d'une personne qui souffre d'agoraphobie. J'ai l'impression d'être sans cesse observée et regardée, comme si j'avais un bouton énorme sur le visage. Je crois que les gens voient que j'ai un problème, que je ne suis pas normale et que je suis stressée. Vous imaginez tout ce flux de pensées négatives à longueur de journée ? Je ne me sens pas normale...

Faire la queue aux caisses des supermarchés m'est carrément insupportable. Je tremble, j'ai les mains moites, le stress monte. Sortez-moi d'ici ! Toutes les activités dites « normales » sont devenues un véritable cauchemar : aller à la poste ou à la banque, être à l'heure au travail. Certains jours, la simple idée d'aller acheter du pain devient également une source d'angoisse profonde. De quoi devenir cinglée, n'est-ce pas ?

Mes mains deviennent moites et j'ai mal au ventre. Je ne me sens plus capable de rien. Je ne supporte plus cet état. Des vertiges se rajoutent à tout cela et mon cœur palpite fort. Trop vite, trop fort. Je perds pied. J'ai terriblement peur. Vais-je mourir ?

Mes crises sont devenues quasiment quotidiennes, je ne me rends même plus compte que je coupe carrément ma respiration, involontairement, bien entendu ! Alors forcément que cela aggrave mes sensations de vertige.

La patience n'a jamais vraiment fait partie de mes qualités, je dois l'avouer, et je n'arrive pas à me calmer. Impossible. Je sombre alors dans une jolie dépression et je me demande ce que je vais devenir et surtout, comment je vais m'en sortir. Je fournis chaque jour d'innombrables efforts pour paraître normale. Je suis épuisée.

Tout tourne en boucle dans mon cerveau : « tu n'y arriveras pas », me dit mon saboteur interne !

Que vont penser les gens si je tombe là, au milieu de la rue, à l'épicerie ou devant la caissière ? Je vais forcément attirer l'attention et l'incompréhension des gens. Je me sens faible et nulle. Trop de questions, trop de stress. Je ne comprends toujours pas et je vis un véritable cauchemar.

Ma vie se transforme petit à petit en un monde compliqué où l'imprévu est un mot banni de mon vocabulaire.

Veuillez attacher vos ceintures, le voyage va être long, parsemé de turbulences et d'embûches, mais vous arriverez sain et sauf à destination. Je vous le promets !

> *« Inquiétez-vous de ce que pensent les autres et vous serez toujours leur prisonnier. »*
>
> — Lao Tzu

CHAPITRE 5

LE DIAGNOSTIC

« Le début d'une habitude est comme un fil invisible, mais chaque fois que nous répétons l'acte, nous renforçons le fil, y ajoutons un nouveau filament, jusqu'à ce qu'il forme un gros câble et lie irrévocablement nos pensées et nos actions. »

— Orison Swett Marden

Au terme d'une année éprouvante, je décide d'aller consulter. Mon médecin généraliste me dit que c'est du stress. Super ! Je ne suis pas plus avancée et j'ai surtout l'impression qu'il s'est trompé et qu'il n'a pas trouvé le vrai mal. Je consulte ensuite un cardiologue pour les douleurs que j'ai dans le bras gauche. C'est peut-être mon cœur. Bilan complet. Je vais bien. OK.

Je finis par consulter un psychiatre traditionnel et le verdict tombe : je suis *agoraphobe*.

Devant mon ignorance, le psychiatre m'explique qu'il s'agit d'un dérèglement émotionnel provoqué par le stress. Il faut que je me calme. Ah bon. Ok. Facile, n'est-ce pas ? Même si cela ne résout rien, je suis tout de même légèrement soulagée. Mon mal a un nom. Un nom que je n'aime pas du tout, mais un nom tout de même.

Ce n'est pas évident de dire à ses amis qu'on est agoraphobe et que notre principale peur c'est *d'avoir peur*. Là, on entre carrément dans la catégorie bizarre. Oui, je le sais, merci !

C'est déjà bien assez compliqué pour moi d'accepter cette situation. Au vu de la réaction puérile de certaines personnes de mon entourage lorsque j'ose leur expliquer, je décide finalement de ne plus rien leur dire et de me débrouiller seule. Je dois absolument trouver une solution.

J'essaie de faire comme si tout va bien. Mais ça ne va pas. Pas du tout même ! Pour un agoraphobe, il faut un sacré courage pour sortir de chez lui, aller faire ses courses, boire un verre après le travail ou aller au cinéma. C'est difficile de vivre, tout simplement ! Cela paraît incroyablement futile, mais c'est particulièrement compliqué quand on souffre intérieurement. C'est un Everest à franchir, je vous le dis !

Ces fichues angoisses finissent par nous paralyser et nous amènent à douter de tout et tout craindre. Fini la légèreté et l'insouciance, plus rien n'est naturel ni spontané quand on est agoraphobe. Porter l'étiquette *d'agoraphobe* est très délicat. Et puis, pourquoi agoraphobe ? Pourquoi ce mot si vilain ?

En mettant un nom sur mes maux, je sais que je suis malade, même si ce n'est pas forcément le cas au sens propre du mot. Le désavantage, quand on met un nom sur une pathologie pareille, c'est qu'on trouve rapidement des excuses. On le vit mal, mais on est excusable. On se conforte dans cette situation.

C'est plus simple de faire cela plutôt que de fournir encore des efforts supplémentaires pour essayer de guérir. On est persuadés qu'il n'y a pas de solution ni de traitement, donc on choisit la facilité. On s'autoproclame malade.

Toujours des efforts. J'en ai ras le bol de faire des efforts. Je baisse les bras à plusieurs reprises et je me dis que c'est peine perdue et que je suis malheureusement contrainte de vivre comme cela. Je refuse toute aide chimique pour me calmer. Ou du moins, chaque fois que j'essaie d'en prendre, je me fais tous les effets secondaires de la notice ! Donc, à part quelques anxiolytiques pris de manière irrégulière qui réduisent mon anxiété, je ne prends aucun médicament.

> *« Les médicaments ne sont pas toujours nécessaires, [mais] croire à la guérison l'est. »*
>
> — Norman Cousins

MA LENTE DESCENTE AUX ENFERS

Je reporte tout au moindre prétexte. Des situations d'évitement, comme on les appelle dans le jargon psychologique. Je sors tout de même de chez moi, mais je m'arrange toujours pour tout anticiper. Je réfléchis à tout. Il ne faut pas d'imprévus. Je pense au chemin que je dois parcourir pour me rendre à un endroit ou au travail, je compte le nombre de tunnels. J'ai même eu une période où je les évitais, même si je devais perdre 30 minutes pour emprunter les petites routes pour y arriver ! Je pars toujours avec une bouteille d'eau, des gouttes de Rescue (Fleurs de Bach) dans ma poche et quelque chose à grignoter, si possible du sucré !

Je fais mes courses en fin de journée, juste avant la fermeture, en pensant qu'il y a moins de monde, mais c'est faux ! Je refuse la plupart des invitations de mes amis. Je leur donne d'ailleurs souvent une fausse excuse ou alors je me fais porter pâle.

À 19 ans, j'emménage avec deux copines dans une colocation, toujours dans mon village. Mes copines de l'époque connaissent ma situation, mais elles pensent que c'est plutôt des caprices que je fais.

Je me plains souvent et mon comportement plutôt négatif fait fuir les gens. C'est l'incompréhension totale, une fois de plus.

Alors je me force, je prends sur moi et j'essaie de suivre le rythme. Je sors avec elles, je m'amuse quelques heures et je rentre au plus vite. J'ai la crainte qu'une angoisse me paralyse et m'empêche de faire comme tout le monde ! Certaines fois, je n'ai pas de crise et d'autres fois, c'est une catastrophe. C'est difficile à anticiper. Je continue toutefois à cacher, prétextant devoir rentrer ou avoir une migraine soudaine. À quelques reprises, nous partons en balade durant le week-end et j'essaie d'être légère et de me relaxer, ce que j'arrive difficilement à faire.

Quelques fois, il m'arrive de me rendre à certains rendez-vous, au restaurant, dans des cafés ou au cinéma, et de repartir aussitôt ! D'autres fois, je rebrousse chemin, prétextant un imprévu de dernière minute ou encore une migraine. Elle a bon dos la migraine ! J'ai d'ailleurs attrapé de vraies migraines ophtalmiques un jour !

Un dimanche, je me rends à un repas familial. J'avertis 10 minutes avant l'heure du rendez-vous que je ne peux venir à cause de mes angoisses. Je suis immobilisée sur la route et incapable d'aller au bout. Prise d'angoisses, je m'arrête et j'appelle ma famille. Là, on me fait comprendre que c'est très décevant de ma part de ne pas venir comme prévu — sentiment de culpabilité — et que c'est surtout pas très poli d'annuler au dernier moment — double sentiment de culpabilité. J'entends encore la phrase dans le téléphone : « mais bon sang, fais un effort ! »

Des efforts, j'en fais tant, mais personne ne s'en rend compte. Cela ne fait que renforcer ce sentiment que je suis devenue nulle. Ce jour-là, impossible d'aller plus loin avec ma voiture. Je pleure pendant de longues minutes, impuissante, incapable d'aller voir ma famille. Que de douleurs psychologiques et de déceptions !

Le lendemain, je tente d'expliquer mon état à certaines personnes de ma famille, mais peu de gens arrivent à comprendre ce qu'il se passe en moi et toute la détresse que je ressens. Je comprends à cette même période que cela va être très difficile de compter sur mon entourage pour m'aider.

Ma mère m'accompagne souvent dans mes déplacements. Elle a de la peine à comprendre mes angoisses au début, mais elle sent que ce n'est pas un caprice de ma part et que j'ai de réelles difficultés à gérer mes émotions et mon stress. Elle me dit souvent : « Respire et calme-toi, ça va passer ! ». Entendre cela et se sentir impuissante face à ce séisme d'émotions est difficile à gérer. Alors je m'énerve et bien sûr, cela empire tout. Sans que je m'en rende compte sur le moment, ma mère m'aide beaucoup et je peux compter sur elle.

Je suis d'ailleurs très reconnaissante aujourd'hui de toutes les choses qu'elle a faites pour moi. Maman, je t'aime et merci.

« Je ne me décourage pas, car chaque tentative infructueuse qu'on laisse derrière soi constitue un pas en avant. »

— Thomas Edison

LA VIE DE COUPLE ET LE TRAVAIL

En pleine fleur de l'âge, à 22 ans, je rencontre mon petit ami qui allait le rester durant sept années. À ce moment, je suis toujours agoraphobe. C'est difficile pour lui de comprendre mes angoisses, mais il m'accepte tel que je suis. Il essaie, comme il le peut, de me rassurer ou de me motiver à bouger davantage.

Motiver une personne agoraphobe, c'est quasiment une mission impossible. Pourquoi ? Parce que toute personne normalement constituée craque un jour ou l'autre et n'a absolument plus la patience ni la compréhension pour accepter le comportement de son conjoint, même s'il l'aime. Être différente et se sentir incomprise, c'était difficile dans le quotidien. Ce qui est sûr, c'est que nous passons de belles années ensemble. Nous voyageons beaucoup et je pense que mon état va s'améliorer.

Le fait d'avoir un partenaire plus âgé et plus « solide » que moi me rassure, mais je me rends compte que je m'appuie sur lui comme lorsqu'on s'appuie sur une béquille. Il est ma bouée de sauvetage. Au début, il se prend au jeu d'être, en quelque sorte, mon « sauveur » et chaque fois que je suis mal, il me rassure. C'est agréable. Plus notre relation progresse, plus je deviens dépendante affective. Un autre sujet à aborder un jour. Je vous conseille vivement le livre *« Le Syndrôme de Tarzan »* pour comprendre l'engrenage dans lequel on s'embarque.

À force d'avoir l'impression de ne pas être capable de « grand-chose », on commence à se dévaloriser et l'on met l'autre sur un piédestal. En gros, je me sens inférieure à lui.

Je n'ose pas prendre la place qui m'est destinée et chaque fois, je me fais toute petite. Mon état ne s'améliore pas vraiment. Je manque de confiance en moi, je n'arrive pas à m'affirmer, mais je m'accroche à lui de peur de le perdre. Que ferai-je sans lui, dans l'état où je suis ? Je me rassure en me disant que c'est partout pareil. La vie de couple n'est jamais extraordinaire très longtemps. Croyances limitantes ! La routine, les incompréhensions, les petits tracas, je trouve ça finalement normal de vivre cette vie-là. Faux !

Quelques années plus tard, je trouve un nouvel emploi dans une autre agence de voyages. Je prends sur moi pour ne rien faire paraître et j'aime réellement ce job. Je me fais quelques fois porter pâle, surtout lorsque les angoisses sont présentes dès le réveil. Bien entendu, je n'ose pas en parler à mes collègues. Seulement une ou deux personnes au bureau sont au courant de ma situation.

J'ai le sentiment de n'être pas vraiment moi-même et de jouer constamment un rôle. Le sujet est trop tabou pour en parler. J'ai l'impression que je me bats constamment contre mes démons — mes saboteurs internes — et je finis par tomber dans une autre jolie dépression, sans pour autant arrêter de travailler. La Société dans laquelle nous vivons ne laisse que peu de place aux personnes « faibles », c'est un fait. Nous sommes rapidement remerciés et remplacés et je ne veux pas que cela m'arrive ou que l'on me regarde différemment. Je ne veux pas paraître faible.

Je me fais rare aux sorties prévues après le travail. J'ai toujours mille excuses. Le moment de l'apéro est rare pour moi. Je ne lâche jamais la pression. Je n'ai qu'une envie : rentrer chez moi, être dans mon cocon, au calme.

J'habite une jolie petite maison mitoyenne avec un petit coin de jardin, hors de la ville, dans un petit village. Malgré tout cela, je n'arrive pas réellement à apprécier ce que j'ai. Tout me fatigue et je suis triste de ne pas pouvoir faire différemment. Marre de subir cette vie remplie d'angoisses et de stress.

Au travail et dans ma vie quotidienne, je suis devenue la reine des subterfuges, une vraie comédienne, à vrai dire. Des talents cachés sûrement ! Je m'en excuse aujourd'hui auprès de ceux qui ne comprenaient pas à l'époque mes refus de sortie ou mes week-ends passés entièrement à la maison. C'est plus fort que moi ; je ne peux pas faire autrement.

Certains jours, je me sens bien et d'autres, je suis carrément au fond du trou. C'est aussi ça, la difficulté de l'agoraphobie. La variation de toutes ces émotions. Il faut réussir à garder le cap malgré les moments où rien ne va comme on le souhaite. Lorsqu'un jour sur deux, vous vous sentez mal sans raison particulière, c'est très dur à accepter. Je suis toujours très exigeante avec moi. Peut-être trop. Oui, aujourd'hui, je le sais.

Je passe presque huit années à travailler à 100 % dans cette agence de voyages. Je gravis les échelons, je suis promue responsable d'équipe et je continue tant bien que mal à vivre le plus naturellement possible. Nous sommes quasiment une famille, une équipe géniale et je suis bien avec eux. Je participe à quelques voyages d'études à l'étranger — la chance d'être une agente de voyages —, mais je choisis où je vais avec une grande précision. Mes critères ne sont pas ceux qu'aurait quelqu'un désirant visiter le Brésil au lieu du Maroc. Je choisis plutôt en fonction du nombre de jours, du nombre de participants et du programme proposé par l'organisateur.

Inutile de m'imaginer partir dans le désert ou à l'autre bout du monde ! Je m'en sens incapable. Du coup, je rate bon nombre de voyages. Impossible de me projeter hors de ma zone de confort — ou plutôt de sécurité — avec un groupe d'agents de voyages que je ne connais pas.

Dans les périodes où je vais mieux, j'ai quand même la chance de partir à New York, en Laponie, au Brésil et à l'Île Maurice, grâce à mon métier. Sans compter les autres voyages que je fais avec mon compagnon : Maldives, Bali, Thaïlande, Bahamas/Floride, Guadeloupe, St-Martin, etc.

J'en ai de la chance dans mon malheur ! Avec mon compagnon, je me sens à peu près « capable », mais seule, c'est impossible de me projeter. En fait, je n'y pense même pas.

Je me rappelle d'un moment atroce lors de mon premier voyage en couple en 1997 aux États-Unis. Nous visitions la Floride, puis les Bahamas. J'ai dû parcourir la moitié de l'aéroport de Miami, assise dans un fauteuil roulant ! J'étais incapable de me tenir sur mes jambes. J'étais figée par les angoisses. Cet aéroport était bien trop grand pour moi ! Je ne vous explique pas le regard apeuré de mon compagnon, qui ne me connaissait pas encore très bien, puisque c'était quelques mois après notre rencontre. Mon Dieu, il était vraiment inquiet pour moi. Et moi aussi.

« Le secret de la réussite est d'apprendre à se servir de la douleur et du plaisir, au lieu de laisser la douleur et le plaisir se servir de vous. En agissant ainsi, vous contrôlez votre vie. Sinon c'est elle qui vous contrôle. »

— Anthony Robbins

L'ENTOURAGE

Pour les concubins, c'est également très compliqué de vivre l'agoraphobie par procuration. Je l'ai compris avec le temps. En effet, si certaines personnes ont de la difficulté à se mettre à notre place, il est également très difficile pour nous, les agoraphobes, de nous montrer à la hauteur de leurs exigences. On se crée inconsciemment et constamment un sentiment de dévalorisation immédiate et au vu des exigences trop élevées que nous avons envers nous-mêmes, on finit par nous refermer dans notre coquille et nous abandonnons, en pensant ne jamais y arriver.

Il m'est difficile, voire quasiment impossible, de me comporter normalement lorsque je suis en public ou lorsque j'invite des gens chez moi. Pourtant beaucoup de gens n'y voient rien. Mais moi, je sais l'énergie que cela demande. Certaines soirées sont réussies. Je fournis tant d'efforts pour ne pas que les autres s'aperçoivent de mon mal-être qu'à la fin de la soirée, je me dis : « Plus jamais je n'invite des gens chez moi. »

Pourquoi je n'ose pas en parler autour de moi ? Parce que j'ai honte. Honte de ne pas réussir à me maîtriser, de ne pas réussir à être « comme tout le monde ». Honte de mes sautes d'humeur. Je suis frustrée, je me sens trop fragile, nulle et le peu de fois où j'en parle, les gens me regardent comme si je suis vraiment dérangée. Merci la tolérance ! Les seuls moments où je ne fais pas de crise, c'est lorsque je me retrouve dans un environnement rassurant : chez moi, en général, devant ma TV et seule. Super ma vie !

> *« Ou nous trouvons un moyen ou nous en inventerons un. »*
>
> — Hannibal

PRISONNIÈRE DE MA VIE

Je commence ou plutôt je continue à pratiquer *l'évitement,* faisant quasiment le vide autour de moi. Pour ne pas être obligée de sortir, je donne de fausses excuses. Les quelques copines qui me restent m'appellent, mais je réponds souvent que j'ai mal à la tête ou que je ne me sens pas bien ou encore que j'ai autre chose de prévu, ce qui est faux.

Les disputes éclatent également dans mon couple à cause de l'incapacité à prévoir les événements. Se réjouir du week-end et prévoir une sortie sont des missions impossibles pour moi. Je ne peux décider qu'au dernier moment et selon mon état. Je suis devenue très égoïste et je me suis cachée derrière l'excuse de l'agoraphobie.

Un vrai parcours du combattant, comme je l'appelle aujourd'hui. Il me faut des heures entières pour récupérer d'une crise d'angoisse de 30 minutes. Alors, je vois ma vie sans issue avec tant de rêves impossibles à réaliser. Je subis ma vie. À certains moments, je me demande même si je ne suis pas destinée à vivre tout ça et à devoir l'accepter au lieu de me battre.

A l'âge de 25 ans, je me trouve une mission et pas des moindres : aider mon père à sortir de sa dépendance à l'alcool. Je prends sur mes frêles épaules la délicate décision de l'aider de mon mieux. Je suis là pour lui. C'est une période difficile. Je suis angoissée depuis plusieurs années déjà à l'idée qu'il lui arrive quelque chose. Je ne suis pas tranquille. Je l'accompagne comme je peux, bravant mes angoisses pour l'aider, car il a vraiment besoin de moi. Mais à 25 ans, ce n'est pas évident de gérer cela, en plus de mes soucis quotidiens et de mon couple.

À 29 ans, après sept ans de vie commune, mon histoire d'amour, devenue trop compliquée pour différentes raisons, prend l'eau. Nous avons pris des chemins différents et je me retrouve célibataire. Je recommence à zéro. Déménagement. Nouvelles habitudes. Nouveau cadre de vie. Nouveau stress.

La vie de couple, ce n'est plus pour moi. Je me retrouve à faire la fête - malgré quelques bonnes crises -, tout en continuant à travailler à 100%. Je rencontre beaucoup de monde car je sors davantage que lorsque j'étais en couple, mais à chacune de mes virées, je prévois tout : la bouteille d'eau, anticiper le trafic, me stationner près du lieu de rendez-vous, mes gouttes de Rescue, mon miroir - pour voir si j'avais une tête livide ou pas. Je sors mais souvent avec la peur au ventre.

« La force ne vient pas d'une capacité physique, mais d'une volonté indomptable. »

— Gandhi

DES CHOCS À RÉPÉTITION

Je commence à chercher d'autres thérapeutes qui pourraient m'aider et j'investis beaucoup de temps et d'argent dans des séances prometteuses. J'essaie désespérément de trouver ce qui cloche en moi. J'ai compris bien plus tard que je cherchais à tort de l'aide à l'extérieur.

En 2005, juste avant mes 30 ans, je perds ma grand-mère. Ma mémé que j'adorais. C'est un choc. Je l'aime tellement. Je n'ai pas vraiment eu le temps de réaliser. Elle était toute petite et frêle, dotée d'un fort caractère, mais douce comme un agneau. La veille de son départ, elle m'avait dit : « Tu es mon soleil, je l'emporte avec moi ». J'en ai profité pour me faire tatouer un soleil tribal sur ma cheville à mes 30 ans. À vie, nous sommes liées.

Les deux années suivantes ont été très douloureuses. Un nouveau chagrin s'est rajouté à ma vie lorsque j'ai perdu mon grand-père, l'année suivante. Une douleur de plus. Un roc partait. Puis, 6 mois plus tard, le malheur frappa à nouveau lorsque mon père décédait subitement.

« Pour ce qui est de l'avenir, il ne s'agit pas de le prévoir, mais de le rendre possible. »

— Antoine de St-Exupéry

C'EST REPARTI POUR UN TOUR!

Janvier 2007, tout s'écroule dans ma tête. Je me sens seule, impuissante et je suis toujours agoraphobe. Piégée. Triste. Abandonnée. Mes crises reviennent en force dans mon quotidien. Je galère. Je fais celle qui va bien, mais ça ne va pas. Pas du tout. Quand cela va-t-il s'arrêter, bon sang ? J'ai l'impression que je n'arriverai jamais à être bien et heureuse. La vie est vraiment difficile et si facile pour d'autres. J'entame ma période de rébellion.

Je jalouse même les gens qui vont bien, qui sont en pleine santé, remplis d'amour et entourés d'amour. Pourquoi pas moi ? J'ai l'impression que je récolte ce que je sème, carrément. On dit qu'un esprit négatif attire le négatif. Oui, je suis d'accord, mais en même temps, comment être positive dans de pareilles circonstances ?

Je continue tant bien que mal à essayer de trouver des solutions à mon stress et à mes angoisses. Je teste la sophrologie et l'acuponcture. Je vais rendre visite à des chamans, des moines tibétains ou des médiums, dans l'espoir que quelqu'un me trouve une raison à tout cela. Je trouve quelques réponses sur ma fragilité au vu des circonstances de mon parcours personnel, mais rien de suffisamment concret à mes yeux pour guérir cette phobie.

C'est à cette période que je fais connaissance avec un ex-agoraphobe qui donne des conseils sur Internet pour s'en sortir. C'est la première fois que je rencontre quelqu'un qui vit ce que je vis, mais qui est à un stade plus avancé que moi dans sa guérison.

Alors, je continue à chercher. Je cherche la fameuse baguette magique. Un truc qui, du jour au lendemain, va me rendre normale et heureuse ! Cela n'existe pas ? Ah bon ?

> « *L'art de vivre consiste en un subtil mélange entre lâcher prise et tenir bon.* »
>
> — Henry Lewis

CHAPITRE 6

LES THÉRAPIES

Fin 2007, j'entame une thérapie comportementale et cognitive. Une thérapie basée, non pas sur mon passé, mais sur mon problème actuel et sur mon comportement face à l'agoraphobie. Du concret.

Qu'est-ce qui me pose réellement problème ? De quoi ai-je peur ?

Cette fois, je suis prête à aller au bout. Comment gérer mon stress ? Comment m'y prendre ? Je veux des réponses et vite !

J'apprends à mettre des mots sur mes maux et sur ce que je ressens. Une fois par semaine et pendant près de deux ans, je rencontre ma psy. Certains jours, je me dis que c'est du temps et de l'argent perdu. Mais je tiens bon.

Le point fort de cette thérapie, c'est que la psy me propose également des exercices à faire tous les jours. Je retrouve d'ailleurs des exercices similaires à ce que l'ancien agoraphobe du Net me disait de faire. Je combine tout ça pour me donner davantage de chances d'aller mieux.

Dans un carnet, je dois noter le degré de mon anxiété, ainsi que le lieu et l'heure, ce que j'ai mangé avant et si j'ai bien dormi la veille. Je dois tout détailler. Comment je me sens sur une échelle de 0 à 10, 10 étant au top de ma forme. Y a-t-il eu un problème externe à gérer au travail ou un sentiment douloureux à évacuer ? J'essaie tant bien que mal de me mettre à fond dans cette discipline d'auto-évaluation. Certains jours, c'est impossible. Je n'y arrive pas. Mon moral joue aux montagnes russes et je n'arrive pas à voir le bout. J'ai tendance à ne plus voir les petites réussites que je fais. Je reste bloquée sur ce que je n'arrive pas à faire. Heureusement, ma psy est là pour me rappeler aussi les bonnes choses que je mets en place au fur et à mesure.

Au bout de quelques mois, j'apprends, avec elle, la *confrontation*. Je dois provoquer une crise d'angoisse ! Oui, cela fait partie de la thérapie ! Et c'est terrifiant. Moi qui suis là pour me débarrasser de ces crises, je dois maintenant les provoquer. Quel programme ! Je trouve cela complètement masochiste et une forte résistance s'empare de moi. J'échoue à plusieurs reprises, mais je dois y arriver. Je suis déterminée. Coûte que coûte, je dois faire confiance à ma psy et oser voir la peur en face.

Je commence à écrire de plus en plus. Je teste la remise progressive au sport et la vie sans *aspartame*. Je découvre qu'il y a peut-être un lien avec mes migraines. Je pratique les bases de la respiration et la visualisation positive.

Quelques séances d'hypnose me font également du bien. Beaucoup de personnes arrivent à se sentir mieux grâce à ces séances d'introspection et de changement de pensées au moment où cela ne va pas.

Un exercice me plaît particulièrement :

Je dois imaginer qu'on me filme, comme si je jouais dans un film. Je me vois entrer dans un supermarché en stress, m'activer à *rapidement* acheter ce dont j'ai besoin pour en sortir au plus vite. Mon quotidien, en fait ! Mon comportement est franchement terrifiant. Je décris au thérapeute ce que je ressens et mon état de stress, sans trop me juger. Ensuite, je dois imaginer être dans le même endroit, toujours en étant filmée, mais avec un sentiment de calme profond et de confiance en moi. Je me vois rentrer tranquillement dans le supermarché, faire un sourire à la caissière, prendre mon panier et aller jeter un œil au rayon des fruits et légumes, puis repasser dans d'autres rayons et me diriger vers la sortie de façon spontanée et calme.

Le but de l'exercice est de me rendre compte que mon imaginaire peut me projeter dans un monde compliqué et stressant, mais d'un claquement de doigts, il peut également m'apporter un apaisement d'une simplicité déconcertante. Je vous conseille cet exercice. Vraiment.

Je fais également des consultations en médecine chinoise, des séances d'acuponcture et je me mets à la lecture intensive. Je dévore tous les livres sur le développement personnel. Je découvre des ouvrages liés à la gestion des émotions, au stress, aux manies, au mode de pensées et un jour, j'ai dans les mains un livre qui me fait comprendre beaucoup de choses. Un sujet bien intéressant puisqu'il s'agit d'un livre qui parle du saboteur interne qui est en chacun d'entre nous.

Ce saboteur, celui qui nous murmure constamment qu'on est faible, pas assez bon, voire incapable ou nul, malchanceux, etc. Le mental ! Et je découvre le développement personnel. Quel bonheur !

Tout ça me parle. Certes, ce ne sont pas des livres sur le traitement de l'agoraphobie, mais des livres qui parlent du pouvoir du cerveau (PNL) et de la puissance de celui-ci. Changer ses habitudes — ou du moins essayer — est très difficile. Éviter un environnement toxique, réapprendre à respirer, ne pas se juger trop sévèrement, conditionner son cerveau en pensant positif, apprendre à se parler d'une façon positive, croire en soi, se rendre compte que tout est possible, etc.

Je pourrai vous en parler pendant des heures, car j'adore cela et j'ai aujourd'hui des preuves sur le fonctionnement de ces pensées. Je retrouve de la force que j'avais déjà mais qui était bien enfouie, de l'estime, de la confiance en moi et je tente d'arrêter de me comparer aux autres.

Je fais de mon mieux et je parviens à garder toujours l'espoir.

Je prends donc le temps d'être plus sympa avec moi, de me concentrer sur ce que j'aime faire, de rêver, encore et encore. Voilà les choses que je rajoute à mon quotidien, en plus de mes séances chez ma psy. Je garde mon entrain durant deux ou trois jours, puis je me relâche et je nourris à nouveau des sentiments négatifs. Rien ne dure.

Continuer à me battre et me dépasser. N'avoir qu'un seul but en tête : aller mieux ! C'est un combat de tous les jours. Il faut s'armer de patience, de courage et surtout y croire. Plus d'excuse, j'avance, point final !

> *« Il y a au fond de vous de multiples petites étincelles de potentialités ; elles ne demandent qu'un souffle pour s'enflammer en de magnifiques réussites. »*
>
> — Wilferd A. Peterson

CHAPITRE 7

JE METS LES VOILES...

POUR LA THAÏLANDE

« En route, le mieux c'est de se perdre.
Lorsqu'on s'égare, les projets font place
aux surprises et c'est alors, mais alors
seulement, que le voyage commence. »

— Nicolas Bouvier

En 2010, j'ai le sentiment d'avoir progressé, mais pas complètement. Mes crises sont devenues moindres grâce à tous mes efforts et à mon combat mené en silence, mais je m'empêche encore de vivre vraiment.

J'ai perdu trop de temps. Je ne veux plus vivre comme ça. Je viens de perdre un ami cher des suites d'une maladie foudroyante et je me promets d'arrêter mes conneries et de tout faire pour aller mieux et enfin vivre !

Je prends donc rendez-vous chez mon autre psy, mon *psy de choc,* comme j'aime l'appeler. Il me dit :

— OK, Séverine, vous avez envie de partir en voyage. C'est bien. Vous aimez cela, je le sais, mais vous n'osez pas, comme d'habitude. Alors pourquoi ne le faites-vous pas ? Là, maintenant. Vous êtes entre deux jobs, c'est le moment idéal ! Faites-le et vous saurez si vous êtes capable !

Ouaouh ! Bien sûr que je meurs d'envie de partir, mais comment vais-je faire ? Trois jours plus tard, j'ai mon billet d'avion en poche. Destination ? La Thaïlande ! Un mois seule, ni plus, ni moins ! Un défi de taille, n'est-ce pas ?

Au moment de partir, à l'aéroport, je pleure dans les bras de ma mère. Je suis terrorisée. Tout se mélange dans ma tête. Mais pourquoi je fais cela ? Dois-je vraiment aller si loin pour me sentir mieux ?

Pour me prouver quoi ? « Tu ne vas jamais y arriver », murmurait Bob, mon saboteur. Oui, c'est le nom que je lui ai donné !

Je pars seule dans un pays que je connais à peine, sans aucun filet ! Je suis complètement folle !

Première crise d'angoisse avant de prendre l'avion, à la porte d'embarquement. Je file aux toilettes et j'essaie de me calmer. Je récite mes mantras et je respire. Je fais une visualisation rapide. Tout va bien se passer. J'aime l'avion. J'aime voyager. Je veux voyager, donc je pars, point final. Je suis à la fois remplie d'adrénaline et heureuse de ma décision et à la fois pleine de doutes sur mes capacités à y arriver.

Le vol dure 11 heures, avec une escale à Abu Dhabi ! OK. Je suis prête ! Enfin, c'est ce que je me dis ! Je continue à ruminer en montant dans l'avion. En même temps, je suis impressionnée par ce bel oiseau qui va m'emmener à l'autre bout de la planète. Les avions et moi, c'est une longue histoire d'amour ! Une fois installée sur mon siège, légèrement apaisée, je me surprends à échanger quelques mots avec mes deux voisins de sièges.

Le premier jour de ma nouvelle vie est arrivé !

L'avantage lorsqu'on voyage seul, c'est qu'on ne le reste jamais vraiment longtemps si on est un minimum ouvert d'esprit et qu'on aime communiquer ! J'échange quelques mots avec mes voisins. Nous parlons de la Thaïlande, du parcours que chacun prévoit et l'on me dit : « C'est super d'oser voyager seule ; tu as du courage ! »

Un léger rire s'empare de moi et lorsque je lui explique que c'est en quelque sorte un défi de partir seule, car je suis agoraphobe. Je découvre alors sur son visage, un sourire étonné et sincère.

Après une escale de quelques heures à Abu Dhabi, me voilà arrivée à Bangkok ! Le décalage horaire dans les pattes et complètement crevée, je prends un taxi et j'admire Bangkok de nuit. Je suis à Bangkok ! Seule ! C'est déjà un exploit à savourer immédiatement.

Je loge près du centre, dans un joli petit hôtel décoré avec goût. Je dépose mes valises et me rends à ma chambre. Je suis crevée, mais je suis excitée. Je décide d'aller me balader dans le quartier. Il fait chaud et la soirée est humide. Il est 19 h. Les marchés nocturnes sont superbes. Je me promène à travers les échoppes et les stands de nourriture et je décide d'entrer dans un salon de massage, où l'on me propose un soin d'une heure pour une dizaine d'Euros ! Le massage thaï est idéal pour se relaxer et j'adore me faire masser.

Je découvre la gentillesse des Thaïlandais et leur accueil si chaleureux. Je suis bien arrivée au pays du sourire. Je passe une heure sous les doigts agiles de la masseuse. Elle essaie tant bien que mal de décoincer quelques nerfs et de libérer mes tensions accumulées depuis quelque temps. Je n'arrive toutefois pas à apprécier pleinement ce moment. Je suis encore inquiète.

Mes angoisses refont surface et je me demande comment je vais m'y prendre pour lui dire d'arrêter le massage. Peut-être pourrai-je lui dire que je dois aller aux toilettes ou que je ne me sens pas suffisamment bien pour continuer ?

Encore des angoisses. Bon sang !

Quelques gouttes de Rescue (Fleur de Bach) et me revoilà calmée, enfin, à peu près. Je respire et j'essaie de savourer ce moment.

« Ce n'est pas parce que les choses sont difficiles que nous n'osons pas les faire. C'est parce que nous n'osons pas les faire qu'elles sont difficiles. »

— Sénèque

Mon massage terminé, je sors de là un peu plus zen qu'en arrivant. Je rentre à l'hôtel en prenant au passage quelque chose à emporter et je m'endors comme un bébé, après avoir rassuré mes proches de mon arrivée en Asie.

Visite du Palais Royal, balade sur le fleuve et quelques arrêts shopping, voilà mon programme pour les prochains jours dans la capitale. Il fait terriblement chaud à Bangkok et je n'oublie pas de m'hydrater un maximum. Quelques angoisses surgissent, mais je tiens bon et je décide de regarder les choses différemment.

Au revoir la peur ! Bonjour la découverte ! Je suis à Bangkok, seule et libre !

Entre-temps, je décide de changer d'hôtel et d'aller dans celui que je connais déjà, le Rembrandt, en plein Sukhumvit Road, un quartier commerçant. Avantage supplémentaire ? Une piscine sur le toit. Très utile après une journée à sillonner la ville sous un soleil de plomb. J'aime dormir à l'hôtel, découvrir une nouvelle chambre, tester la literie, observer la vue, découvrir les fragrances. Je passe la soirée avec une connaissance de Suisse expatriée et je termine mon petit séjour dans la capitale à peu près zen et déjà très contente de moi.

« Le voyage est un retour vers l'essentiel. »

— Proverbe tibétain

La suite du voyage ? Prendre l'avion jusqu'à Koh Samui — une île au sud que je ne connais pas — et me rendre ensuite sur l'île de Koh Phangan pour m'initier au yoga dans un complexe branché et détox. Chouette programme, non ? J'ai réservé ma première nuit sur la plage de Chaweng, très connue pour son côté festif. J'y rencontre plein de monde dès le premier soir et je pars le lendemain matin en bateau pour l'île de Koh Phangan, à la découverte du fameux Resort branché.

Je vais bien. J'ai quelques bonnes bouffées de chaleur, mais c'est normal vu le climat thaïlandais et le taux d'humidité ! J'angoisse un peu à l'idée de prendre un bateau, mais je me trouve une petite place sur le pont avant. J'écoute ma musique et j'admire le paysage. C'est magnifique ici !

Arrivée à destination, tout ne se passe pas vraiment comme je l'avais prévu ! À peine arrivée sur l'île privée, je tombe sur des hippies, un chien errant, une femme qui tire les cartes de Tarot, assise sur sa chaise de camping. Étrange. Sensation étrange. Personne pour m'accueillir. Petite crise d'angoisse. Je crois que je suis arrivée chez de véritables hippies !

Je me dirige vers le bâtiment principal et quelqu'un m'accompagne à ma chambre... pardon, ma cabane ! La porte ne ferme pas complètement, le lit est enveloppé d'une énorme moustiquaire, il y a hamac sur le balcon et des w.c. au bout d'une passerelle, sans lumière à l'extérieur. Il faut s'équiper d'une lampe torche — fournie par l'hôtel — sinon on n'y voit rien.

En fait, je suis dans une cabane sur pilotis dans la jungle. OK, là je sens que je commence à ne pas être très bien. J'essaie de me détendre dans mon hamac. Pour le coup, ça, c'est top. Je lis le manuel de l'hôtel et je tombe sur une phrase qui me glace le sang : « *Si vous vous faites piquer par un scorpion ou un serpent, ne vous inquiétez pas, nous avons les anti-venins* ». Oh, mon Dieu, là, je commence sérieusement à avoir peur.

> « *Nous sommes ce que nous pensons, tout ce que nous sommes résulte de nos pensées, avec nos pensées, nous bâtissons notre monde.* »
>
> — Bouddha

Je me fais deux crises d'angoisse l'une sur l'autre. Je respire et j'essaie de me calmer, de fermer les yeux, de boire de l'eau, mais cet endroit n'est pas pour moi. Je crois que je me suis surestimée et surtout, je me suis trompée sur l'endroit. Gros sentiment de panique. Je vais faire quoi ? Je ne suis manifestement pas une aventurière ! J'essaie de dédramatiser et de me calmer. Je siffle en allant aux w.c., histoire de faire partir les bestioles, mais je sais que je ne vais pas dormir. Mon lecteur de .mp3 est resté allumé toute la nuit. J'envoie des messages à ma mère et elle essaie de me rassurer comme elle le peut, mais ce n'est pas gagné.

« Dans vingt ans, vous serez plus déçus par les choses que vous n'avez pas faites que par celles que vous avez faites. Alors, sortez des sentiers battus. Mettez les voiles. Explorez. Rêvez ! »

— Mark Twain

Le lendemain, je demande à changer de cabane. Je demande une chambre en dur proche du bâtiment principal et pas au milieu de la forêt ! J'ai l'impression que cela me rassure un peu. Je me retrouve donc dans une chambre en dur, à plein pied cette fois-ci et proche du restaurant. C'est mieux, mais ce n'est vraiment pas la joie.

Trop d'angoisses et d'incertitudes. Je ne me sens pas à l'aise. Je décide, après un petit déjeuner bio ou plutôt à base de graines, d'aller faire du yoga. La salle de yoga se trouve à 20 minutes de marche dans la jungle, en haut de la colline. J'entends des bruits de bestioles partout. C'est un véritable supplice cet endroit !

La Thaïlande, c'est humide. Tout le temps. Et dans la jungle, c'est un vrai cauchemar si l'on n'est pas habitué. Vous avez beau prendre une douche et vous sécher, à peine êtes-vous sorti que vous dégoulinez déjà.

Côté crises d'angoisses liées à l'agoraphobie, j'avoue que je n'en ai pas beaucoup finalement. Étonnant ? Pas vraiment, car je suis tellement préoccupée à regarder où je mets les pieds et trouver une idée pour quitter cet endroit qu'au final, je n'ai pas le temps de penser à autre chose. Étrange, n'est-ce pas ? Sans m'en rendre compte, j'ouvre une nouvelle porte dans mon cerveau. Cela veut dire que si je focalise sur autre chose que mes peurs d'être mal et mes crises potentielles, je ne fais pas de crise de panique, car mon esprit est trop préoccupé par autre chose.

En plein air, quasi seule dans mes balades, j'essaie comme je le peux d'apprécier l'endroit. Koh Phangan, on m'en a tellement parlé, que j'ai presque honte de dire que je n'aime pas vraiment. En vérité, je n'aime pas la jungle ni l'humidité.

Le deuxième soir, je fais la connaissance de Sonia, une Suissesse-Allemande à peine arrivée de Koh Samui. Nous mangeons ensemble et je lui fais part de mon sentiment sur l'endroit. Elle pratique le yoga depuis de nombreuses années et elle est là pour cela, mais elle m'avoue qu'elle aussi ne compte peut-être pas rester aussi longtemps que prévu, soit une semaine entière.

Pour ma part, j'avais réservé pour cinq nuits et j'en avais fait seulement deux ! Je décide de repartir le lendemain matin en pirogue jusqu'au centre de Koh Phangan et passer mes trois dernières nuits sur l'île, mais dans un autre endroit que celui-ci. Avec Sonia, nous prévoyons de nous revoir sur Chaweng Beach, à Koh Samui, d'ici quelques jours et nous échangeons nos numéros.

« Si vous pouvez le rêver, vous pouvez le faire. »

— Walt Disney

Le lendemain, je suis prête avec ma valise sur le ponton. Je veux partir d'ici ! Quand j'ai une idée dans la tête, je ne l'ai pas ailleurs, dira-t-on ! Alors j'attends. Mais personne ne vient. Je retourne à la réception et on me dit que le bateau va arriver, mais on ne sait pas encore à quelle heure. Bienvenue en Asie ! Rien de grave. Juste un contretemps.

Durant mon attente, je m'aperçois qu'il y a déjà des personnes qui font de la méditation sur la plage, même s'il est tôt le matin. Ce qui m'a étonnée, ce n'est pas la méditation en soi, mais de voir quelques personnes assises en tailleur avec une espèce de voile sur la tête qui tombait jusqu'au sol. Ils étaient entièrement recouverts. Visuellement, c'était étrange ! Ça fait même un peu peur ! Oui, d'accord, je suis une peureuse, mais bon, là j'ai vraiment hâte de partir et de me trouver un autre coin qui me ressemble davantage.

Voilà mon bateau, que dis-je, ma pirogue. Youpi, me voilà repartie. Destination ? Aucune idée. Je me rends au port de l'île et je trouve un guichet touristique qui me propose un endroit pour loger.

Je trouve un petit coin sympathique avec une plage sublime et calme. Il y a peu de monde sur l'île, car ce n'est pas la période de la *Full-Moon* ou la *Black-Moon,* les fameuses fêtes qui rassemblent des milliers de personnes sur les plages au son de musique électro. Je ne vois quasi personne durant la journée. N'ayant pas envie de me louer une voiture ou un scooter, je décide finalement, après une bonne nuit de sommeil, de rentrer à Koh Samui le lendemain. Décidément, Koh Phangan, ce n'est pas pour moi. Pas cette fois.

> *« Ce n'est pas la force, mais la perséverance, qui fait les grandes œuvres. »*
>
> — Samuel Johnson

RETOUR À KOH SAMUI

De retour sur Chaweng Beach, je m'empresse de faire un peu la fête avec quelques touristes rencontrés le matin même. Sonia me rejoint et nous nous amusons comme des folles. C'est la fête le soir à Koh Samui !

Avec Sonia, nous échangeons beaucoup sur nos parcours de vie. C'est une passionnée de voyages comme moi, mais qui a déjà habité en Amérique du Sud. Elle, elle gère !

Je me confie sur ma situation d'agoraphobe. Pour elle, c'est un énorme pas en avant que je fais là. Et pour moi aussi. Je me rends compte que, prise dans le tourbillon de mon « non-quotidien » et de la nouveauté, je me sens mieux, avec moins de crises de panique.

Près d'une semaine plus tard, après avoir fait la fête jour et nuit — ou presque —, mes amis de voyage poursuivent leur route. Certains partent ailleurs en Asie, d'autres rentrent chez eux. Je décide de bouger aussi. Je passe une nuit dans un hôtel à l'autre bout de l'île et je vais faire une prière au Big Buddha. C'est un endroit sublime avec un bouddha gigantesque. J'ai adoré le moment de la prière. Quelle sérénité !

Le taxi me dépose à Fisherman's Village et là, je craque de bonheur ! Ce petit village de pêcheurs est calme et l'on y trouve beaucoup d'expatriés venus tenter leur chance en ouvrant un restaurant ou une boutique. Je fais connaissance avec plusieurs personnes et je loue un studio moderne sur la plage, avec une vue à couper le souffle. Je me sens bien !

> *« Quelle que soit la raison ou la peur, il va falloir la dépasser. »*
>
> — Anthony Robbins

À nouveau seule, je profite de ces moments moins agités pour réfléchir à mes jours passés depuis mon arrivée en Thaïlande. J'écris beaucoup — c'est mon autre passion — et j'essaie d'analyser objectivement tout ce qui s'est passé. Sans jugement. C'est difficile, mais je décide de m'y mettre !

Je me suis presque vue vivre dans ce village, le temps d'une saison. Le gérant des appartements apprend que je suis agente de voyages et me propose un partenariat. Il me parle d'aménager un bureau au port et de faire venir les Suisses à Fisherman's Village. Rien que ça ! Moi, l'agoraphobe coincée en

Suisse, je rêve d'expatriation, mais je m'en sens incapable. C'est trop rapide. Et faire confiance prend du temps. Bref, je garde sa carte de visite, mais je décline sa proposition.

Je profite de cette semaine pour bien dormir, me balader, flâner dans les petites échoppes, marcher sur la plage, sourire aux enfants qui jouent dans l'eau, écouter de la musique et regarder la mer. Je m'y sens bien malgré quelques crises d'angoisse au restaurant. Il est vrai que manger seule n'est pas toujours idéal. Même si l'on n'est pas agoraphobe, on se sent toujours un peu à l'écart et observé.

À ce moment-là de mon voyage — je suis quasiment au bout de mes 3 semaines —, je découvre, par les médias, que le volcan Eyjaföll, situé en Islande, est en pleine éruption et bloque littéralement le trafic aérien en Europe. Certains vols sont carrément annulés, d'autres sont déviés et beaucoup de personnes sont bloquées dans les aéroports.

Je réussis finalement à réserver une place pour rentrer quelques jours plus tôt que prévu en Suisse, car les prévisions sont mauvaises et je risque de ne pas pouvoir rentrer pour le retour prévu à mon travail. Ça serait embêtant !

Une sorte d'éclair me frappe le dernier jour, alors que je me promène sur la plage. En pleine admiration de la mer en face de moi, une pensée me traverse l'esprit : « Je me sens libre ici, sans devoirs ni obligations — c'est un peu ça les vacances —, mais je sens que ce voyage est le premier d'une longue série. Je veux voyager seule, découvrir d'autres endroits, oser, me lancer ! »

À ce moment, je sais que je ne suis pas guérie, loin de là, mais je sais aussi ce que je veux, par-dessus tout : voyager.

« J'ai décidé d'être heureux parce que c'est bon par la santé. »

— Voltaire

CHAPITRE 8

BILAN DU VOYAGE EN SOLO

Durant ce voyage en solo, j'ai tout vécu. La peur, la joie, les rires, les pleurs, l'angoisse, l'envie, la crainte, le bonheur, la sérénité, la découverte, la fierté, la douleur, l'amour. Je n'en retire que du bon.

En fait, j'ai eu un déclic important côté agoraphobie : depuis le temps que je croyais que j'allais mourir à chacune de mes crises d'angoisse, lorsque mon cœur s'emballait et que j'avais de violentes douleurs qui surgissaient dans mes côtes, je me rends compte à ce moment-là que je suis toujours là et bien vivante.

C'est tout bête, n'est-ce pas ? Cette réalité eut un gros effet sur ma santé et sur ma confiance. Ce voyage m'a permis de me rendre compte que j'étais capable. Capable de partir seule, de m'adapter, de vivre hors de ma zone de confort et de me débrouiller malgré les angoisses. Je prends conscience que ces crises de panique qui me pourrissent ma vie en Suisse ne sont rien d'autre que des crises de panique. Je ne vais pas en mourir. Je serais déjà morte depuis longtemps si cela avait été le cas !

Cette réflexion, certes simpliste, mais combien importante pour moi, m'a permis de remettre de l'ordre dans le degré de mes angoisses et ce fut le début du chemin vers ma guérison. J'ai passé des vacances incroyables, j'ai rencontré des gens merveilleux et j'ai profité comme jamais de cette liberté recherchée depuis si longtemps. Quel bonheur ! Ces semaines m'ont fait énormément de bien. À tel point qu'au moment du retour, j'ai eu peur qu'une fois dans ma routine, mes crises recommencent.

Je suis rentrée de ce voyage très fière et heureuse, mais totalement épuisée. Cela m'a demandé une énergie folle. L'année 2010 a marqué un tournant dans ma vie d'agoraphobe. J'avais enfin compris le mécanisme de ces fichues angoisses et j'étais bien déterminée à repartir en voyage, seule !

CHAPITRE 9

COMPRENDRE CE QU'IL SE

PASSE À L'INTÉRIEUR

Comme dit Anthony Robbins [1]:

> *« Je suis la source de toutes mes émotions. Rien ni personne ne peut changer la façon dont je me sens, sinon moi-même. Lorsque je réagis contre quelque chose, je peux immédiatement changer mon état d'esprit. C'est dans les moments de décision que notre destin prend forme. »*

---

[1] Anthony Robbins est coach, entrepreneur, conférencier et enseignant en motivation dans le domaine du développement personnel. Ses séminaires rassemblent des milliers de personnes.

À part les psychothérapies que j'ai suivies, j'ai enchaîné de nombreuses lectures, plusieurs albums de relaxation, des programmes sur Internet, du coaching en développement personnel, des séances d'acupuncture, de sophrologie, d'équithérapie et de kinésiologie. Puis, un jour, j'ai eu entre les mains un livre qui m'a — je peux le dire aujourd'hui — presque sauvée. J'en ai déjà parlé précédemment. Cet ouvrage s'intitule *Les Clés du Secret*, de Daniel Sévigny et je le conseille à tout le monde !

Ce livre parle du *saboteur interne* qui est en chacun de nous. Ce livre ne porte pas sur l'agoraphobie, mais il m'a permis de comprendre et de mettre en pratique des techniques de visualisation ou plutôt de la gestion de pensées positives, afin de me sentir mieux. C'est un outil très puissant, je peux vous l'assurer. Je l'utilise toujours aujourd'hui et de manière régulière pour divers événements dans ma vie.

Pour résumer, il faut d'abord trouver un nom à son saboteur, de préférence un nom qui n'a aucun lien avec notre entourage ou le chien de notre voisin. Pour ma part, je l'ai appelé Bob !

Dans la même ligne de pensée que le best-seller mondial *Le Secret*, de Rhonda Byrne — que je vous conseille d'ailleurs —, le livre *Les Clés du Secret* fournit des astuces pour gérer ses pensées, afin d'augmenter la matière énergétique. Mais encore faut-il savoir penser correctement ! Le poids de nos pensées négatives comme la peur d'être malade, la crainte de perdre son emploi, les problèmes qui s'accumulent ou les inquiétudes face à son avenir peut facilement nous paralyser. Dans ce livre, j'ai appris, grâce à la technique de gestion de la pensée, à maîtriser mes pensées et à agir sur mon quotidien.

Tout ce qui se vit à l'intérieur se reflète à l'extérieur. Ceci résume bien la loi de l'attraction. Beaucoup de personnes ont obtenu des résultats en appliquant cette loi. Cependant, ces résultats paraissent souvent limités. Comment donc arriver à changer son intérieur avant toute chose ? Par son mécanisme de pensées, c'est la seule manière d'y arriver. Chaque pensée que nous émettons et chaque parole que nous prononçons sont émettrices d'énergie. Je ne vous parle pas d'ésotérisme, mais juste d'une réalité assez simple à comprendre.

Regardez dans votre entourage et vous identifierez rapidement les gens optimistes et les gens négatifs, même si vous ne les connaissez pas beaucoup. Déjà, leurs vibrations vous permettent de vous faire une opinion. Avez-vous déjà remarqué comme on se sent bien dans l'entourage de personnes optimistes ? C'est uniquement lié à leurs vibrations.

Nous véhiculons tous près de 40 000 pensées par jour. C'est un sport à temps complet et cela demande un entraînement continuel. Le jour où l'on prend conscience que tout commence par la *pensée*, l'entraînement peut débuter et l'on peut expérimenter jusqu'où va cette puissance. C'est ce que j'ai fait pour tenter de me libérer de mon agoraphobie.

La pensée maîtrise tout : la santé physique et la santé psychologique. La vie affective. Les réussites et aussi les échecs. Certains diront qu'ils sont trop vieux pour changer, d'autres trouveront comme excuse qu'ils ont été trop marqués par un milieu familial difficile, où les vibrations négatives ont exercé un règne absolu et qu'ils n'ont plus le choix. Faux ! On a toujours le choix !

Je voulais changer et je l'ai fait. Peu importe l'âge ou le milieu social. Tout le monde peut prendre cette décision de changer. J'ai dû éliminer, petit à petit, les vieux schémas ancrés dans mon subconscient — certains résistent encore —, car ma vie en dépendait. J'ai pris cela au sérieux et je m'en fichais si les autres ne comprenaient pas ou me critiquaient.

J'ai simplement tenté de changer ma pensée et j'ai changé. Comme je l'ai mentionné précédemment, le prix de ce changement est incontestablement l'effort. Fini la brochette d'excuses. J'en avais surtout marre de subir ma vie et il était impossible pour moi de m'imaginer continuer comme cela.

Parfois, je pensais pourtant avoir déjà fait tant d'efforts que je me disais que cela ne servirait à rien. Aujourd'hui, le « Je n'ai pas de chance » n'existe plus dans mon langage. Pourquoi ? Parce que tout le monde peut avoir de la chance, s'il décide et passe à l'action.

Par moment, j'étais également paresseuse, même si ça peut paraître surprenant. Toutefois, au fond de moi, je préférais parfois abandonner ou ne rien faire plutôt que de continuer. L'effort demande une énorme dose de courage et de volonté. J'en ai et aujourd'hui, j'en suis consciente.

Pour apprendre à être heureux, il suffit d'y croire.

À travers plusieurs demandes faites à l'Univers — je ne crois pas en Dieu, mais peut-être bien à une entité d'énergie quelque part —, j'ai reçu ce que je voulais. Ou du moins, la direction que j'avais souhaitée. La précision dans les formulations est impérative. Pourquoi ? Parce que si l'on demande un truc plutôt vague, on aura un résultat tout aussi vague. Plus on est précis, plus les résultats seront surprenants.

J'ai décidé de commencer ce jeu il y a quelques années, en me disant que de toute façon, je n'avais pas à perdre grand-chose. C'était essentiellement pour trouver un repos dans mes pensées et surtout pour stopper mes crises d'angoisses.

J'ai donc commencé à répéter trois fois quelques affirmations :

- Univers infini, je vis une journée calme et sereine immédiatement.

- Univers infini, aujourd'hui, j'ai des surprises agréables.

On rajoute la notion du temps à la fin de son affirmation. Par exemple, lorsque je devais me rendre à un rendez-vous où il y avait du monde, je disais :

- Univers infini, je passe un bel après-midi, je suis sereine, confiante, en pleine santé et à l'aise immédiatement.

Pour la guérison de mes angoisses ou lorsque j'avais des migraines, je disais :

- Univers infini, je suis sur la voie de la guérison parfaite immédiatement.

- Univers infini, mes douleurs à — précisez — cessent immédiatement.

- Univers infini, mes angoisses cessent, je me sens bien, calme et sereine immédiatement.

Je l'ai fait lorsque je me suis fait opérer les yeux au laser. J'étais complètement stressée — normal — et je voulais être calme à tout prix, de peur de bouger ou de me sentir mal. Je n'ai pas arrêté de répéter en boucle l'affirmation suivante durant les jours précédant la procédure :

- Univers infini, mon opération des yeux est une réussite parfaite immédiatement.

Et le jour du rendez-vous, mon médecin m'a dit être surpris de mon calme. Il m'a dit que c'était assez rare d'avoir des gens comme moi qui ne bougeaient pas.

Pour mes trajets en voiture, je me disais :

- Univers infini, je suis parfaitement protégée aujourd'hui et j'arrive à destination en parfaite sécurité.

Voilà, vous avez compris comment ça fonctionne ! Alors j'espère que vous allez aussi vous amuser à le faire et vous rendre compte qu'il y a plein de choses qui arrivent !

Quand je parlais de mon saboteur interne, j'ai mentionné que je l'avais surnommé Bob. Lui, c'était une entité négative. Il me nourrissait de pensées négatives et chaque fois je tombais dans le piège, puisque je faisais une crise ou j'abandonnais et je rentrais chez moi. Ce saboteur ne me laissait quasiment aucun répit. Un jour, je me suis donc amusée à essayer de repérer ce fichu saboteur qui ne cessait de m'envoyer des pensées négatives. Dès qu'un petit problème surgissait, Bob se chargeait d'amplifier son côté négatif et me mettait dans tous mes états. C'est là sa grande force. Il était sournois et je tombais facilement dans son piège, car il ne s'annonçait jamais !

Aujourd'hui, il m'arrive d'avoir encore des pensées négatives, mais dès que je les repère et qu'elles commencent à prendre du pouvoir dans mon esprit conscient, je me rebelle, je me bats et je dis haut et fort : « Bob, tu me les brises ! Dégage immédiatement ! Je ne veux plus t'entendre ! »

Donc, chaque fois que je me disais « je ne vais pas y arriver », je pensais plutôt « J'annule ! » Si c'était des images négatives, je disais « J'efface ! » Au fur et à mesure, à force d'entraînement, on y arrive. Mais attention, Bob ne prend jamais de vacances !

Aujourd'hui, j'utilise encore la gestion de pensées et je sais que cela marche. Voilà comment j'ai en partie vaincu mon saboteur quand j'étais agoraphobe :

- J'observais mes pensées et je m'écoutais parler.

- Je coupais net, j'annulais ou j'effaçais dès que je m'apercevais du négatif.

- Je remplaçais immédiatement le négatif par le positif.

- J'exagérais mes pensées au point d'être ridicule certaines fois.

- Je me battais contre mon saboteur. Je lui disais : « Dégage de là ! Tu ne me fais pas peur ! »

Celui qui tombe sur cette page-ci, sans reprendre le contexte du livre, risque de se dire que l'auteure de ce livre est complètement folle. Mais je vous rassure, je suis normale, je ne fais partie d'aucune secte, je suis juste curieuse de la vie et j'ai envie de vous faire profiter de quelques pistes pour aller mieux !

« C'est impossible, dit la Fierté

C'est risqué, dit l'Expérience

C'est sans issue, dit la Raison

Essayons, murmure le Cœur ! »

— William Arthur Ward

QUELLES SONT LES CHOSES QUI M'ONT AIDÉ À VAINCRE MON AGORAPHOBIE ?

<u>1) Un carnet de notes</u>

En jouant les détectives privés, j'ai réussi, grâce à un carnet de notes toujours avec moi, à écrire ce qu'il se passait dans mon corps et dans ma tête pendant les crises. J'ai réussi à mettre des mots sur mes maux et c'est très important. La confrontation a été obligatoire. Elle faisait partie de ma thérapie. C'était difficile, mais obligatoire.

<u>2) Une bonne thérapie comportementale et cognitive.</u>

J'ai cherché et j'ai trouvé une véritable spécialiste. Pas un simple psychothérapeute. Le mieux aurait été de trouver un psy ex-agoraphobe, mais je n'en ai pas trouvé ! Cette étape de ma vie a été un peu longue, mais nécessaire. Ma thérapeute m'a chamboulée et j'ai réussi à remettre de l'ordre dans mes pensées pour redevenir logique et rationnelle.

3) La musique

La musique a été pour moi une belle thérapie 100 % naturelle ! J'écoutais et j'écoute toujours beaucoup de musique diverse. Certaines me parlent, d'autres me font avancer. J'arrive à me déconnecter et à me projeter.

4) Le yoga et la méditation

Le yoga et la méditation m'ont permis de m'apaiser. À la maison ou dans une petite salle de cours, j'ai réussi à écouter mon corps et à essayer de lui faire du bien.

5) <u>Les massages relaxants</u> ont été également source de relaxation.

6) <u>Et l'espoir, la persévérance.</u> Je ne vous apprends rien, mais il faut y croire !

« Dans 20 ans, vous serez plus déçus par les choses que vous n'avez pas faites que par celles que vous avez faites. Alors, sortez des sentiers battus. Mettez les voiles. Rêvez ! »

— Mark Twain

LES CLÉS DU MÉCANISME DES ANGOISSES

Il y a toujours deux types d'anxiété : l'anxiété externe et l'anxiété interne. Dans le premier cas, c'est-à-dire l'anxiété dite *normale,* on peut imaginer un événement majeur et grave qui arrive subitement dans votre vie. Cela peut être un incendie, un accident, un tremblement de terre, etc. C'est cet incident que vous voyez et qui va vous faire très peur. Votre cœur va se mettre à battre très fort et vous sécréterez de l'adrénaline en puissance. Votre corps vous dit de fuir et c'est normal.

Dans le deuxième cas, c'est-à-dire l'anxiété dite *interne,* celle-ci n'est pas réellement normale et je vous explique pourquoi, car il faut bien la comprendre. Les symptômes sont quasiment les mêmes, mais le déclencheur est différent. Notre organisme se prépare à fuir alors qu'il n'y a pas de bonnes raisons.

Prenez l'exemple suivant : vous êtes dans la salle d'attente du dentiste. Vous attendez votre tour et soudain, puisque vous n'aimez pas aller chez le dentiste, vous commencez à avoir chaud, vos mains deviennent moites et vous avez un peu mal au ventre. OK, jusque-là, c'est à peu près normal, car personne n'aime le dentiste.

Le problème, c'est qu'à partir de ce moment-là, votre cerveau va focaliser votre attention sur les symptômes que votre corps vous fait subir, plutôt que sur la peur réelle du dentiste. Et c'est à ce moment-là que les personnes agoraphobes déclenchent une crise d'angoisse. Votre corps est en train de paniquer et vous y rajouter des pensées négatives et irrationnelles, telles que : « Oh non, pas là, non, je ne veux pas être mal ici et si je fais un malaise, que vont penser les gens. Oh, mais pourquoi ça m'arrive toujours à moi ? J'en ai marre. Je suis nul, etc. »

Ce qui est difficile à comprendre c'est que les pensées négatives — un facteur interne — vont vous pousser à déclencher une crise. Tant que vous ne les aurez pas calmées, vous déclencherez un effet boule de neige.

Je n'ai jamais dit que cela était facile, j'ai dit que cela en *valait la peine*.

À ce moment-là, la clé de réussite est de se dire : « OK, j'ai mal au ventre, les mains moites et je suis stressé parce que je n'aime pas le dentiste. Ce n'est rien de plus. Ce n'est pas grave. C'est normal d'être inquiet. Tout va bien se passer, mon angoisse va passer. »

Voilà comment déjouer le piège d'une crise d'angoisse ! Facile ? Non, pas vraiment, car le cerveau est comme un ordinateur. Il reçoit des tonnes d'informations à la seconde et il est difficile de lui faire comprendre qu'on ne veut pas tomber dans ce fichu cercle vicieux. Il faut de l'entraînement, je vous l'accorde ! Mais il faut surtout y croire, car c'est exactement comme cela que ça se passe.

CE QU'IL FAUT ÉGALEMENT COMPRENDRE

Lorsque nous percevons un danger, qu'il soit réel ou imaginaire, notre système nerveux sympathique stimule dans notre corps tout ce qui est biologiquement prévu pour nous maintenir dans un état d'éveil, d'attention maximale et de combativité. Il prépare notre corps à agir ou à réagir, à fuir ou à combattre, en provoquant les effets suivants :

- dilatation des pupilles et du réseau de veines des poumons.

- augmentation de la fréquence cardiaque et respiratoire.

- élévation de la pression artérielle.

- augmentation du taux de glucose et de la transpiration.

- les muscles se contractent pour avoir un maximum de tonus.

- détournement du sang de la peau et du système digestif vers le cœur, le cerveau et les muscles squelettiques.

- l'activité cérébrale augmente.

- la coagulation sanguine augmente

Vous imaginez tout ce qu'il se passe dans son corps à ce moment-là ? Ce qu'il faut aussi savoir, c'est que les importantes modifications que nous vivons dans notre organisme lors d'une crise de panique sont exactement le contraire d'une faiblesse ou d'un dérèglement de notre corps. Dans le cas des crises de panique, étant donné que nous n'avons pas identifié le danger puisqu'il s'agit presque toujours d'un stimulus inconscient, nous restons en alerte dans cet état d'émoi qui caractérise la crise de panique, sans pouvoir y mettre fin !

Sachez que les 3 premières minutes sont vitales pour choisir votre réaction face à l'attaque de panique. Acceptez ces 3 minutes.

CHAPITRE 10

LES EXERCICES

PREMIER EXERCICE : COMMENT CHANGER N'IMPORTE QUEL ASPECT DE SA VIE ?

La science du conditionnement neuro-associatif, tiré du livre d'Anthony Robbins : *L'éveil de votre puissance intérieure.*

1) Décidez ce que vous voulez vraiment et trouvez ce qui vous empêche de l'obtenir.

2) Trouvez une motivation : associez une profonde souffrance au fait de ne pas changer maintenant et une grande joie au changement immédiat.

3) Abandonnez votre modèle limitatif.

4)   Trouvez un nouveau modèle dynamisant.

5)   Reproduisez le nouveau modèle jusqu'à ce qu'il devienne constant. La seule personne que tu es destiné à être est celle que tu décides d'être !

6)   Mettez votre modèle à l'épreuve !

DEUXIÈME EXERCICE :

Chaque fois que vous le voulez, notez dans votre journal de bord les moments où vous avez eu une attaque de panique. Avec du recul, cela vous permettra de mieux comprendre quand, comment et pourquoi vous avez eu ces crises d'angoisse. Voilà ce que vous devez noter :

- C'était quand ?

- C'était où ?

- Qu'est-ce que vous avez mangé ce jour-là ?

- Qu'est-ce que vous avez bu ce jour-là ?

- Toute autre information qui vous semble pertinente.

Notez comment vous vous sentez le matin, à midi, le soir, pendant le travail, avec vos enfants, le week-end, etc. Révisez vos notes et essayez de découvrir quand vous êtes trop pressé, quand vous voulez tout faire et être perfectionniste, quand vous vous inquiétez pour un truc inutile, etc.

SCHÉMA DU COMPORTEMENT

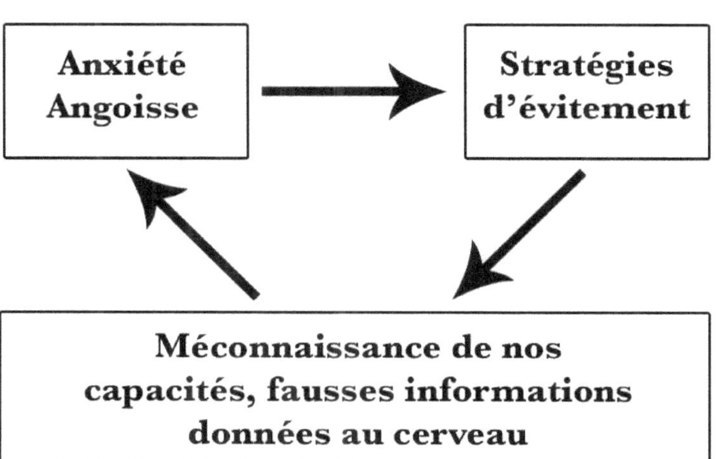

CONCLUSION

« Là où se trouve une volonté, il existe un chemin. »

— W. Churchill

Je suis la preuve que tout le monde peut guérir, à condition de dédramatiser et surtout d'agir. Il faut être entouré par des professionnels pour gagner sur la durée. Continuez d'en apprendre sur vous-même, de vous renseigner et de vous instruire. C'est très important de garder l'esprit vif et réveillé. Pratiquez la visualisation et la méditation/relaxation guidée aussi souvent que possible.

Supprimez définitivement tout ce qui comporte de l'aspartame. C'est un poison. Il déclenche souvent une accélération du rythme cardiaque et peut provoquer des maux de tête ou des vertiges.

Gardez l'espoir qu'un jour vous irez mieux. Même si cela paraît illusoire quand vous êtes mal, je vous assure que l'espoir est important. Il faut être réaliste, certes, mais ce mal et ces angoisses ne sont pas là pour durer. Du moment que vous les aurez apprivoisées, votre vie changera.

C'est très dur d'entendre que finalement vous êtes la seule personne responsable de vos crises d'angoisses, mais c'est la vérité. J'étais comme vous ! Le jour où j'ai compris que j'étais responsable et que je l'ai accepté, j'étais sur le chemin de la véritable guérison.

Alors, saisissez l'occasion de vous faire du bien, arrêtez de vous prendre la tête pour des broutilles, réfléchissez déjà à ce que vous avez au lieu de ce que vous n'avez pas et changez vos habitudes, même si c'est dur.

Faites-vous confiance ! Abonnez-vous à des sites de développement personnel et de pensées positives et nourrissez-vous exclusivement de bonnes choses, autant côté alimentation que côté information. Oubliez les médias qui ne cessent de nous rappeler que nous sommes en période de crise, que le chômage augmente, que le cancer continue sa progression, que le terrorisme frappe et que l'injustice domine. Choisissez plutôt de passer un bon moment devant un film sympa et faites-vous plaisir.

Pensez au moment présent. Arrêtez de vous inquiéter du futur et de ressasser le passé. *Vivez l'instant présent.* Mais gardez en tête ce que vous voulez exactement. Visualisez comment vous vous voyez. Sans agoraphobie, souriante et confiante. Croyez-y à fond ! Il faut que cela devienne une obsession ! À force d'entraîner votre subconscient, un jour ou l'autre, les choses arrivent.

Surtout, arrêtez de vouloir tout maîtriser, que tout soit parfait, d'être parfait. C'est inutile. Du temps perdu. Soyez vous-même et faites sortir de votre vie toutes les personnes toxiques qui ne vous apportent rien ou qui vous critiquent. Vous êtes la personne la plus importante ! Soyez le capitaine de votre bateau !

MA VIE APRÈS L'AGORAPHOBIE

Depuis quelques années, j'ai voyagé seule plusieurs fois : un mois sur la côte ouest-américaine, trois semaines au Canada, les îles Grecques et plusieurs séjours dans des villes européennes. J'ai recommencé à prendre plaisir à aller à des soirées, des concerts, au théâtre, au cinéma et chez des amis. J'ai même déjà dansé avec un chanteur célèbre au milieu de 2400 personnes !

Je sors à pied faire mes courses. Je prends mon temps et je profite de chaque moment. J'avance sur plusieurs projets et je commence à avoir de la clarté sur la vie que je souhaite.

Certaines peurs sont encore là, mais elles disparaissent de plus en plus. Après tout, il faudra bien un jour accepter que nous ne décidons pas de la durée de notre passage sur cette Terre, donc, autant en profiter un maximum. Comme écrit Alexandre Jollien, un jeune philosophe handicapé Suisse que j'adore : « C'est un miracle d'être en vie, surtout de nos jours, alors profitons-en réellement ! »

Après tant d'années à être passée, en quelque sorte, à côté de ma vie, j'ai la tête pleine de projets et de rêves. Je me verrais bien devenir une « nomade digitale » et m'installer quelques années au Québec, une région pour laquelle j'ai eu un véritable coup de cœur en 2014, lors d'un quatrième voyage seule. Je souhaite devenir conférencière, voyager et parler de l'agoraphobie, afin que cela ne soit plus un tabou et que les gens guérissent. Je les aide à travers des formations et du coaching que j'ai mis en place.

Oui, j'ai mis du temps, mais le monde s'ouvre enfin à moi et je n'ai plus une minute à perdre !

REMERCIEMENTS

Je tiens à remercier ma famille et mes amis pour le soutien qu'ils m'ont apporté tout au long de ces années tumultueuses.

Je remercie Gérard pour ses bons conseils et ma psy Katia.

Je remercie également mon amie de longue date, Heike, qui m'a toujours soutenue.

Ce livre a été une sorte de thérapie pour moi et m'a permis de mettre sur papier mes émotions trop souvent bloquées.

« Voyager pour continuer à faire partie de ce mouvement plein de vie. Voyager pour ne pas perdre cet élan. Voyager pour poursuivre l'exploration du monde. Voyager pour rester vivant ».

— Séverine

À PROPOS DE L'AUTEURE

Séverine Cherix est auteure, conférencière et coach. À 19 ans, les premiers signes d'anxiété se font sentir et rapidement, l'agoraphobie s'empare de Séverine, de sa vie et de ses rêves. Déterminée à reprendre le contrôle sur son existence, Séverine utilisera sa passion des voyages pour venir à bout de son agoraphobie. Après de nombreuses thérapies aux résultats mitigés, elle s'envole pour un voyage solo d'un mois en Thaïlande, où elle vaincra ses démons et apprendra à dominer ses angoisses.

Aujourd'hui, Séverine accompagne de nombreuses personnes souffrant toujours d'agoraphobie, à travers des conseils, des conférences, des formations et des séances de coaching, afin de permettre à ces personnes de reprendre le contrôle de leur vie et d'aller au bout de leurs rêves.

Pour en apprendre davantage sur Séverine Cherix et sur l'agoraphobie, visitez son site Internet :

www.severinecherix.com
www.vertigesdemavie.com

TABLE DES MATIÈRES